Stratégies de Trading Binaire

Apprendre les stratégies de rentabilité des options binaires

Wayne Walker

Table des matières

Introduction

Félicitations pour votre exemplaire personnel de *Stratégies de Trading Binaire*: Apprendre les stratégies de rentabilité des options binaires.

Ce livre vise à ce que vous soyez équipé pour entamer le trading d'options binaires et mettre en œuvre les stratégies qui l'accompagnent. Il examine plusieurs techniques susceptibles d'accroître votre rentabilité. Les derniers chapitres sont consacrés aux mouvements stratégiques que vous pouvez adopter dès maintenant. Le contenu des bonus vous fera évoluer encore plus loin ! Bien sûr, il y a beaucoup de livres sur le marché, alors je vous remercie d'avoir choisi celui-ci.

Chapitre 1 :
Les bases du trading binaire

Les options binaires constituent souvent des options de trading qui reposent sur le principe du tout ou rien, et ce pour une bonne raison : leur fonctionnement. Les options binaires se distinguent des options classiques par le fait que leur gain est un montant fixe et repose sur une proposition oui/non. Cette dualité de résultats possibles pour les binaires est à l'origine de leur nom. En effet, il s'agit d'instruments des marchés financiers que de nombreuses personnes ont adopté dans leur quête de profits.

Le principal problème du trading d'options binaires est que de nombreuses personnes ne sont pas aussi rentables qu'elles pourraient l'être. Cela est dû au fait qu'ils ne connaissent pas les stratégies qu'ils peuvent utiliser pour maximiser les profits de leurs trading. Si vous avez l'intention de faire du trading d'options binaires ou si vous envisagez seulement de commencer à le faire, vous devez vous assurer que vous êtes bien préparé. Vous vous préparez en examinant et en apprenant les différentes possibilités qui s'offrent à vous grâce aux stratégies que nous allons aborder.

Tout

Le facteur "tout" joue dans le désir de faire du trading en utilisant des options binaires pour de nombreuses personnes. Vous êtes en mesure de gagner une bonne somme d'argent en quelques trades seulement, ce qui vous donne d'autres possibilités de trading avec vos nouveaux bénéfices. Avec les options binaires, vous n'avez pas à deviner ce que vous pouvez gagner ou ne pas gagner en fonction du marché. Au début, lorsque vous ouvrez un trading d'option binaire, vous savez exactement ce que vous pouvez gagner avec cette option. Vous gagnerez ce montant ou, dans de nombreux cas, vous ne gagnerez rien. Si vous avez été séduit par le fait que vous récupérez un montant fixe, vous voudrez peut-être jeter un coup d'œil à l'autre facette du trading binaire.

Rien

Si vous ne récupérez pas tout l'argent que vous avez investi (et plus encore), vous ne gagnerez rien. Le risque existe toujours avec le trading binaire et cela peut être un énorme problème si vous n'avez pas de capital à dépenser sur les transactions. C'est pourquoi vous devez vous assurer que vous disposez d'un capital-risque suffisant pour ne pas avoir un impact énorme sur vous si vous deviez perdre sur une transaction. Bien que vous puissiez faire du trading binaire en tant que nouveau trader, ce n'est pas toujours votre meilleure option, car vous risquez de perdre tout le capital-risque que vous avez investi. C'est l'un des inconvénients du trading binaire, dont vous devez être conscient.

Il existe cependant plusieurs stratégies qui vous aideront à tirer profit de ces types d'options. Que vous souhaitiez augmenter la probabilité de gagner de l'argent ou simplement apprendre les spécificités qui vont de pair avec la réalisation de profits à partir du trading binaire, l'utilisation de ces stratégies peut être bénéfique pour tous ceux qui les utilisent.

Chapitre 2 :
Analyse fondamentale

La plupart des personnes qui font du trading ou qui sont impliquées sur les marchés utilisent l'analyse fondamentale dans une certaine mesure. Lorsque vous commencerez à appliquer les différents concepts de trading présentés plus loin dans le livre, cette analyse vous aidera à faire encore mieux. L'analyse fondamentale est un outil que vous utiliserez avec presque toutes les autres stratégies. Lorsque vous vous donnez la possibilité d'explorer de nouveaux concepts et d'apprendre les différentes choses qui sont possibles avec les options binaires, c'est une bonne idée d'utiliser l'analyse fondamentale pour vous aider en cours de route.

Les bases

L'idée de base de l'analyse fondamentale est de considérer une entreprise ou une action comme un tout. Vous devez comprendre les informations figurant dans les bilans, ainsi que les flux de trésorerie et tout autre aspect pertinent de l'entreprise. Vous utiliserez ces informations pour équilibrer les risques/récompenses liés à l'investissement dans l'entreprise, ce qui vous aidera à mieux comprendre l'entreprise. Cela vous aidera à mieux comprendre l'entreprise. Vaut-il la peine d'y investir, ou devriez-vous saisir d'autres opportunités avec l'argent dont vous disposez ?

Flux de trésorerie

Le flux de trésorerie est l'un des domaines clés que vous examinerez lorsque vous utiliserez le modèle d'analyse fondamentale pour vous aider à sécuriser vos profits avec les stratégies d'options binaires. Le flux de trésorerie est-il positif ? Les problèmes inhabituels sont-ils pris en compte et expliqués ? Si la réponse à l'une ou l'autre de ces questions est " non ", vous devrez déterminer pourquoi et décider si cette opportunité est bonne pour vous.

L'ancienneté d'une entreprise

L'ancienneté d'une entreprise peut avoir un impact sur le montant d'argent que vous pouvez en tirer dans un laps de temps donné. Si une entreprise n'est pas en activité depuis longtemps, ce n'est peut-être pas la meilleure idée d'y investir. Il en va de même si elle est en activité depuis très longtemps - il y a une date d'expiration pour tout, et l'entreprise peut être amenée à fermer si elle n'a pas suivi l'évolution du marché.

Niveau d'endettement

Le niveau d'endettement est un autre des facteurs à prendre en considération lorsque vous décidez d'investir dans une entreprise. Il faut rechercher ce que l'on appelle un faible ratio actif circulant/passif circulant. Normalement, un ratio de l'ordre de 1 à 3 est acceptable.

Dans certains cas, cependant, un excès de liquidités peut être négatif. Cela peut être le signe de plusieurs choses : l'entreprise n'investit pas assez dans l'avenir, rien n'est prévu pour le développement de produits. Un excès de liquidités peut également signifier que l'entreprise ne cherche pas à faire des achats stratégiques. Beaucoup disent que c'est le signe d'un manque d'anticipation de la part de la direction de l'entreprise.

Gardez à l'esprit que le ratio est relatif au secteur que vous étudiez. Par exemple, les entreprises du secteur technologique ont des ratios d'endettement plusieurs fois supérieurs.

Ratio PE - Ratio cours/bénéfices

Il s'agit de la valeur d'une entreprise sur une bourse par rapport aux revenus tirés de ses produits et services. Il s'agit de la méthode la plus utilisée pour évaluer les actions (stocks) afin de déterminer si leur prix est correct. Vous entendrez ce terme à plusieurs reprises, il est donc important que vous compreniez ce concept. Prenons un exemple simple : si une entreprise a des actions évaluées à 50 millions et que les bénéfices sont de 5 millions, le ratio PE est de 10. Comme nous l'avons vu pour l'actif et le passif, le ratio est relatif au secteur que vous étudiez.

Administrateurs Trading

Les administrateurs sont tenus de signaler lorsqu'ils font du trading sur les actions de leur société. Ils sont généralement les mieux informés au sein de l'entreprise, ce qui peut être un indice d'événements futurs, mais gardez l'esprit ouvert.

Certains diront que les administrateurs vendent parce qu'il se passe quelque chose de négatif dans la société, ou qu'ils achètent parce qu'ils sont conscients de quelque chose de positif. C'est un indicateur, mais pas à 100 %. Par exemple, s'ils vendent, il peut s'agir d'une raison aussi banale que le besoin d'argent. Il se peut qu'ils veuillent investir dans d'autres choses ou qu'ils soient trop exposés aux actions de cette société particulière et qu'ils aient besoin de les réduire. Cela peut aussi être dû à un divorce, ce n'est donc pas toujours un signe clair que quelque chose de dramatique se passe.

Informations fiscales

Lorsque vous examinez la base de l'analyse fondamentale de l'entreprise dans laquelle vous espérez investir, vous pouvez également examiner les taxes. L'examen des impôts du passé et du présent est utile si vous souhaitez investir dans une entreprise et joue un rôle dans le tableau d'ensemble de celle-ci. S'il n'y a aucun moyen pour vous de voir les impôts ou si quelque chose semble inhabituel concernant les impôts d'une entreprise, reconsidérez si cette entreprise est faite pour vous.

Bénéfices projetés

Il existe de nombreuses méthodes que vous pouvez utiliser pour déterminer le bénéfice probable d'une entreprise donnée. Vous pouvez les utiliser et, la plupart du temps, vous trouverez les informations nécessaires grâce à vos recherches. Si vous n'êtes pas en mesure de prévoir un bénéfice dans un avenir proche, vous pouvez envisager d'investir dans une autre société.

La vue d'ensemble

Regardez toujours la situation globale des investissements que vous envisagez. Cette vue d'ensemble devrait vous fournir les informations dont vous avez besoin et vous aider à évaluer la meilleure utilisation de vos fonds. Combinez toutes les informations que vous avez recueillies et rassemblez-les. L'entreprise semble-t-elle stable ? Des bénéfices sont-ils prévus ? Que réserve l'avenir pour l'entreprise ? Chacun de ces éléments vous aidera à comprendre ce qui pourrait se passer et à décider si vous devez ou non faire le choix d'investir. Vous ne savez jamais exactement ce que le marché va faire, alors gardez cela à l'esprit lorsque vous investissez.

Cette stratégie est l'une des meilleures que vous puissiez utiliser. Elle englobe tout ce que vous devez savoir sur une entreprise, et presque tous les investisseurs l'utilisent lorsqu'ils envisagent de placer un trading ou d'investir. Enfin, vous n'êtes pas obligé de n'utiliser qu'une seule stratégie (l'analyse fondamentale). En fait, l'utilisation de deux stratégies peut vous aider à réaliser davantage de bénéfices en faisant du trading d'options binaires.

Chapitre 3 :
Analyse technique

Bien que les noms soient similaires, il existe en fait un certain nombre de différences entre les stratégies d'analyse fondamentale et d'analyse technique. Cela est dû aux différents éléments sur lesquels elles se concentrent et à la façon dont elles sont capables de tirer parti des avantages de chacune d'entre elles. L'un des principaux avantages de l'analyse technique est que vous n'avez pas à vous soucier de la valeur réelle d'une entreprise (ou d'un actif), mais uniquement des bénéfices que cet actif peut vous rapporter lorsque vous l'investissez ou que vous en faites du trading. Pour cette raison, vous aurez moins de travail à faire lorsque vous déterminerez vos prochaines étapes.

Le passé

La chose importante que vous allez examiner lorsque vous utilisez l'analyse technique sont les mouvements de prix antérieurs de l'actif. Vous aurez besoin de voir les mouvements passés du marché et la façon dont les gens ont pu gagner de l'argent grâce à eux. C'est également un bon moyen de s'assurer que l'action ou la paire de devises est suffisamment volatile pour vous permettre de réaliser des bénéfices lorsque vous tentez de prévoir la hausse ou la baisse du prix.

Vous pouvez apprendre beaucoup des mouvements de prix passés d'un actif et de la façon dont il a réagi aux événements du marché, par exemple, un rapport sur les bénéfices d'une entreprise. Ensuite, vous devez évaluer s'il existe des possibilités adéquates de gagner de l'argent sur la base de la façon dont l'action s'est comportée. Si vous investissez à long terme, veillez à choisir en priorité les opportunités d'investissement qui ont été rentables par le passé, car elles ont plus de chances de le rester à l'avenir.

Prévision de l'avenir

Un autre avantage de l'examen des mouvements de prix passés d'un actif est que vous serez en mesure de prendre une décision plus éclairée sur son avenir et les différentes façons dont il pourrait vous rapporter de l'argent plus tard. C'est essentiel si vous voulez vous assurer que vous tirez profit de vos transactions.

Les options binaires peuvent être un pari, vous devez donc réduire vos chances de faire de mauvaises transactions. Cependant, l'analyse technique est un outil solide qui vous aidera à analyser les informations susceptibles d'influencer la performance de vos transactions. En sachant à l'avance qu'une société est susceptible d'enregistrer de bonnes (ou de mauvaises) performances, vous avez de bien meilleures chances de sélectionner les bons calls et puts. Même avec toutes ces informations, vous devez être prudent, car les mouvements du marché peuvent être extrêmement imprévisibles et il peut y avoir des erreurs de jugement.

Pas d'états financiers

Il est parfois difficile de s'occuper des états financiers, des taxes et d'autres informations sur les différents domaines d'une entreprise. Pour cette raison, les gens peuvent ne pas vouloir utiliser l'analyse fondamentale, ils choisissent plutôt l'analyse technique. Elle ne fonctionne pas de la même manière, mais elle peut fournir des résultats tout aussi positifs et elle donne aux investisseurs la possibilité de prendre de meilleures décisions sans avoir à passer des heures à lire des documents pour obtenir les informations dont ils ont besoin. Ces avantages sont une autre raison pour laquelle l'analyse technique est souvent une option plus intéressante pour certains traders et investisseurs.

Si vous vous inquiétez de la précision qu'apporte le trading ou l'investissement sans connaître le moindre aspect du passé financier de l'entreprise, vous pouvez être sûr que l'analyse technique vous sera utile.

Outils d'analyse technique

Bandes de Bollinger – Outil d'analyse technique (1)

Les bandes de Bollinger sont un outil que de nombreux investisseurs et traders utilisent lorsqu'ils veulent ajouter différents aspects d'analyse technique aux options binaires qu'ils ont. Elles sont utilisées pour mesurer la volatilité du marché. Les bandes définissent les limites supérieures et inférieures de la fourchette de trading. Lorsque vous visualisez les bandes sur un graphique, vous avez une bande supérieure et une bande inférieure, l'espace entre le haut et le bas, beaucoup de gens l'appellent le canal d'achat et de vente. Vous utilisez l'espace entre les bandes pour avoir une idée de votre position dans la fourchette de trading. Ainsi, si vous êtes près du sommet, vous savez que vous êtes proche du niveau de résistance et qu'il existe un potentiel de retournement de prix (le marché change de direction). Si vous vous trouvez dans la partie inférieure, vous savez que vous êtes proche du niveau de support et qu'il existe un potentiel de retournement de prix.

La plupart du temps, les prix restent entre ces bandes. Si le prix commence à sortir, les gens le prennent comme un signal et vous devez donc en être conscient.

Moyenne mobile - Outil d'analyse technique (2)

Tout comme la bande de Bollinger, l'indicateur de moyenne mobile est normalement inclus dans vos différentes options graphiques. Lorsque vous regardez le graphique de la moyenne mobile, vous êtes en mesure de voir les mouvements de prix moyens de l'actif que vous analysez. Vous saurez ainsi non seulement où se situaient les prix susceptibles au trading, mais aussi où se situait la moyenne des prix de la société par rapport à ses ventes (si vous faites du trading d'actions). Le prix moyen est un élément d'information clé qui vous aidera à déterminer le succès probable du trade, alors assurez-vous de le prendre en compte lorsque vous réfléchissez à plusieurs idées de trading.

Les moyennes mobiles (MA) sont surtout utiles parce qu'elles permettent de repérer plus facilement une tendance. C'est essentiel pour les actions, les devises ou certains autres produits dérivés, où un marché haussier est excellent et un marché baissier peut l'être aussi. Avec ces classes d'actifs, tout ce que nous devons faire est d'identifier ou de repérer cette tendance. Par exemple, une moyenne mobile sur cinquante jours additionne les cours de clôture des cinquante derniers jours, divise par cinquante et trace un point sur le graphique pour chaque jour. Si vous regardez un graphique de moyenne mobile et que vous avez MA dix, MA cinquante, dix est le court terme, cinquante est le long terme.

La moyenne mobile la plus courte, si elle est supérieure à la plus longue, la tendance est considérée à la hausse. Si la moyenne mobile plus courte est inférieure à la moyenne mobile plus longue, la tendance est considérée comme étant à la baisse.

Relative Strength Index - Outil d'analyse technique (3)

Le RSI, qui est l'indice de force relative, est utilisé pour identifier si le marché (action, paire de devises, etc.) est suracheté ou survendu. Il a un indice allant de zéro à cent. Le RSI correspond plus ou moins à ce qui se passe sur le graphique, et il le devrait. Des lectures inférieures à trente indiquent que le marché est peut-être survendu et lorsque vous voyez ou entendez le terme survendu, cela signifie une vente excessive. Des lectures supérieures à soixante-dix indiquent que le marché est peut-être suracheté et que les achats sont excessifs. Gardez à l'esprit que ce sont des indications, elles ne garantissent rien. À noter que le marché peut rester suracheté ou survendu pendant une période de temps considérable. Le RSI est un indicateur avancé, il commence à donner des signaux avant que la tendance n'ait commencé.

REMARQUE : Il ne s'agit là que des bases de l'analyse technique. Pour aller plus loin, vous aurez besoin de plus de temps, ce qui est recommandé, surtout pour le trading à court terme. Veuillez consulter le guide de l'analyse technique en bonus à la fin du livre pour élargir encore plus vos connaissances.

Chapitre 4 :
Options de base

Une option d'achat

Lorsque vous achetez une option d'achat, vous avez la conviction que le prix d'une action, d'une devise, d'un contrat de marchandises, etc. augmentera avant l'heure d'expiration indiquée. Les options traditionnelles rendent cela plus difficile car elles exigent que vous estimiez dans quelle mesure le prix de l'actif augmentera dans un certain laps de temps, mais les options binaires simplifient cela en faisant en sorte qu'il s'agisse simplement de savoir si le prix augmentera ou baissera à un moment donné. Donc, pour récapituler : si vous pensez que le prix d'une action (ou d'un actif connexe) va augmenter, vous allez acheter une option d'achat.

Option de vente

Les options de vente fonctionnent de la même manière que les options d'achat, mais dans le sens inverse. Si vous pensez que le prix d'un actif va baisser, vous allez acheter une option de vente. Une option de vente indique que le prix va baisser d'un certain montant dans un laps de temps donné, comme indiqué par la date d'expiration. Votre objectif, pour gagner de l'argent avec un contrat d'option de vente, est de prédire avec précision le moment où vous pensez que la valeur d'un actif va baisser.

Sauvegarder

Il n'est PAS possible de garantir que vous ne perdrez pas une partie de votre argent lorsque vous faites du trading d'options binaires, mais il y a certaines choses que vous pouvez faire pour aider à sauvegarder l'argent que vous avez et augmenter vos chances. Par exemple, la stratégie de couverture des options de base est celle que vous pourrez utiliser lorsque vous commencerez votre trading.

Actif sous-jacent (stratégie de couverture de base)

La première chose que vous pouvez envisager est de faire du trading avec l'actif sous-jacent afin d'avoir plus d'un flux de capital dans le trading. Le trading que vous faites avec l'actif sous-jacent vous protégera au cas où vous perdriez une partie de votre argent sur l'option. Par exemple, après avoir acheté une option de vente, vous achetez l'action sous-jacente. Votre achat de l'option de vente indique que vous vous attendez à ce que le prix de l'action baisse. Si votre analyse est incorrecte et que l'action remonte, votre achat de l'action vous protégera. En d'autres termes, vous avez couvert votre position.

En plaçant votre argent dans deux avenues différentes, vous pouvez potentiellement encaisser deux fois. Cependant, le montant que vous pouvez gagner dépend des options que vous avez, du ratio de couverture (entre l'option et l'action sous-jacente), et des divers frais d'exécution de vos transactions.

Stop Losses

Les ordres stop loss que vous utilisez avec les actions, par exemple, certains courtiers proposent des variantes de ces ordres qui peuvent être utilisées avec les options binaires (attention, les stop loss ne sont PAS une caractéristique commune du trading d'options).

En général, l'ordre stop loss est utilisé pour atténuer les pertes en fixant un point auquel l'action ou l'autre actif sera vendu si vous avez acheté ou acheté si vous avez vendu au début du trading. On perd plus au départ lorsqu'on trade des options binaires, simplement parce que le montant perdu n'indique pas particulièrement le montant de l'investissement personnel perdu, car les options binaires sont essentiellement des paris sur la hausse ou la baisse du prix d'une marchandise ou d'un actif.

Gagnez de l'argent

La façon dont vous gagnez de l'argent avec votre trading va dépendre des stratégies que vous utilisez. Il peut parfois être difficile de gagner de l'argent, alors gardez toutes ces informations à l'esprit lorsque vous faites du trading. Si vous n'êtes pas en mesure de réaliser des bénéfices suffisants ou si vous subissez des pertes excessives par rapport au capital dont vous disposez, vous ne serez pas en mesure d'avancer et cela peut mettre un terme à votre carrière de trading d'options.

Nécessités à court terme

Comme il se passe beaucoup de choses avec le trading binaire et les opportunités qui s'offrent à vous, vous verrez bientôt les avantages qui accompagnent les transactions à court terme et la façon dont elles fonctionnent pour diverses stratégies. Si vous souhaitez réaliser une transaction à long terme sur le marché des options binaires, vous pouvez envisager d'utiliser la stratégie de base. Elle peut vous aider à créer une meilleure chance d'avoir une transaction gagnante et vous perdrez probablement moins d'argent.

Commencer petit

Il est toujours préférable de commencer petit. Même si vous disposez d'un capital important que vous pouvez utiliser avec les options binaires, vous ne devez pas tout miser. Investir beaucoup d'argent au départ est une stratégie très risquée et non recommandée. Au lieu de cela, si vous souhaitez réaliser des bénéfices à long terme, vous devez mettre un peu d'argent au début, réaliser des bénéfices sur ce montant, puis mettre plus d'argent à chaque fois que vous percevez les bénéfices que vous avez réalisés sur chaque transaction.

Principales raisons pour lesquelles les traders perdent

Les trois principales raisons pour lesquelles les traders perdent. La première est l'absence de plan, comme on disait autrefois "ne pas planifier, c'est prévoir d'échouer", ce qui est vrai lorsqu'il s'agit de trading. Les exemples de cette absence de plan proviennent de mon expérience personnelle avec les nouveaux traders. Certaines des histoires que j'ai entendues sont presque incroyables, je demandais aux gens "pourquoi avez-vous placé cette transaction ?" avec de l'argent pour lequel ils ont probablement travaillé dur, j'ai entendu, "mon cousin m'a dit de le faire", "j'en ai entendu parler à un barbecue", des choses vraiment presque incroyables ou la base pour placer la transaction. Par conséquent, si vous n'avez pas de plan, les résultats le refléteront.

La deuxième raison est ce que j'appelle un risque trop élevé. Le risque excessif est celui de la personne qui fait du trading d'options binaires, de devises ou d'un produit dérivé où l'effet de levier peut atteindre cent, deux cents ou trois cents fois. Si elle utilise tout l'effet de levier disponible, alors il est certain qu'elle va faire du trading à risque. Vous devez examiner votre risque ou votre exposition à la marge et, comme je l'ai mentionné dans mes cours, vous devez vous assurer qu'il est possible de survivre à un échec.

La dernière raison est de confondre trading et investissement. Vous trouverez souvent des gens qui adoptent cette approche de la concurrence, disant que le trading est meilleur que l'investissement, je dis que cela dépend de ce que vous faites. Si vous faites du trading, et pour moi si vous faites du trading cela signifie que vous avez une unité de temps relativement courte. Par exemple, les day traders ouvrent et ferment des trades dans la journée et utilisent donc des outils adaptés, comme l'analyse technique. Si vous disposez d'une unité de temps plus longue pour investir, sur un an, cinq ans ou dix ans, vous utiliserez les outils appropriés. Prendre des techniques de scalping ou de day trading et les appliquer à vos investissements n'est pas une bonne stratégie.

Chapitre 5 :

Signaux et stratégies basées sur la technologie

Certaines stratégies vous demandent si peu de travail que l'ordinateur se charge de la plupart, voire de la totalité, du trading d'options binaires à votre place. C'est l'idée qui sous-tend le trading automatique, auquel les gens n'avaient pas accès par le passé en raison du manque de technologie.

Tout ce que vous avez à faire avec ces programmes, c'est de mettre le capital-risque que vous voulez trader, et l'argent sera tradé automatiquement. Cela vous donne la possibilité d'essayer d'autres stratégies avec vos options binaires tout en travaillant à la rentabilité initiale.

Algorithmes

Il s'agit d'outils qui vous aideront à faire des trades d'options binaires qui, espérons-le, vous permettront de réaliser des profits. Ils peuvent être une bonne chose si vous n'aimez pas ou ne voulez pas prendre de nombreuses décisions concernant les différentes options binaires disponibles pour le trading. Les algorithmes peuvent également être utilisés dans un plan visant à générer un revenu passif.

C'est une bonne idée d'étudier les différents types de transactions qui seront effectuées en fonction des algorithmes, l'important ici est de s'assurer que vous faites vos recherches. Il peut parfois être difficile de comprendre le fonctionnement de la programmation qui se cache derrière les algorithmes, alors assurez-vous d'en être conscient avant d'essayer de les utiliser. Il est fortement recommandé d'effectuer quelques transactions manuelles de base avant de vous lancer, afin que le trading algorithmique ne soit pas la première chose que vous fassiez.

L'approche du trading adoptée par un algorithme est différente de celle du trading binaire par téléphone, qui était la façon dont une grande partie du trading était effectuée dans le passé. Un algorithme travaille avec des chiffres et des codes tout en analysant en permanence le marché global à la recherche d'opportunités de trading. Un jeu de chiffres tel que le trading d'options lui vient assez naturellement ; en conséquence, la marge d'erreur d'un programme de trading d'options binaires très bien écrit est beaucoup plus faible que celle d'un humain.

L'un des défis du trading algorithmique est que les gens n'ont tout simplement pas autant d'expérience du trading d'options binaires basé sur les algorithmes que du trading traditionnel. Vous devrez choisir avec soin parmi les algorithmes d'options qui sont disponibles sur le marché.

Signaux

Il existe différents fournisseurs de signaux binaires qui vous indiqueront quand vous devez effectuer des transactions et comment vous devez ajuster les paramètres de vos transactions exécutées. Ces signaux peuvent inclure des suggestions sur :

- Stop Loss
- Niveaux d'entrée
- Prise de bénéfices
- Ordres stop d'achat/de vente

- Ordres à cours limité
- Ordres du marché

Chacun des fournisseurs a des approches différentes des signaux et ils auront des signaux différents sur les domaines dans lesquels ils sont spécialisés. Quel que soit le fournisseur que vous choisissez, vous devez pouvoir faire confiance aux signaux qu'il émet et aux suggestions de transactions qu'il propose.

Assurez-vous que vous utilisez un signal compatible avec la plateforme de trading dont vous disposez. Certains signaux ne fonctionnent pas avec certaines plateformes. Les signaux peuvent être délicats, alors apprenez-en le plus possible sur eux avant de les utiliser pour votre trading. Même si vous utilisez des signaux, vous devriez envisager d'avoir un courtier qui dispose des ressources nécessaires pour vous aider à faire du trading d'options si nécessaire. Le trading binaire, même s'il est automatisé, reste parfois délicat.

Applications

Si les algorithmes sont très pratiques pour les personnes qui souhaitent automatiser le trading qu'elles font avec des options binaires, vous pouvez tirer encore plus profit de la technologie des marchés financiers en utilisant les applications disponibles. Vous pouvez essayer les différentes applications pour vous aider à tirer le meilleur parti de vos options. Elles vous permettront non seulement de faciliter votre trading, mais aussi de le faire en déplacement. Les applications sont faciles à utiliser, combinent un grand nombre de propriétés différentes et vous donnent la possibilité de voir vos trading en temps réel, où que vous soyez.

Si vous choisissez d'utiliser des applications pour vos trades binaires, veillez à les utiliser progressivement et au début de votre carrière de trading afin d'éviter d'avoir à effectuer des changements majeurs lorsque vous serez plus expérimenté. Une note à garder à l'esprit, étant donné que la technologie est relativement nouvelle, assurez-vous que l'application que vous décidez d'utiliser est bien évaluée par les autres traders.

classe d'actifs afin de trouver les deux meilleures actions ou paires de devises à utiliser pour élaborer votre stratégie de co-intégration.

Reconnaître la différence

La différence entre les deux est l'endroit où vous allez faire votre argent. Vous ne voulez pas que l'écart ouvert soit trop grand ou trop petit, car il vous sera plus difficile de trouver une voie à suivre. Une fois que vous avez trouvé un écart approprié entre les deux actifs, c'est cette différence que vous voudrez exploiter. Une fois que vous l'aurez fait une fois, il vous sera plus facile de le répéter à l'avenir. Vous pouvez continuer à utiliser le même modèle lorsque vous faites du trading sur d'autres options.

Agir en conséquence

Trouver des actifs qui présentent des écarts et reconnaître qu'il existe des écarts dont vous pouvez tirer profit ne sont que les premières parties de la stratégie de co-intégration. Vous devrez reconnaître quel actif est à l'origine de l'écart - il est souvent dû à la faiblesse temporaire d'une action ou à la hausse soudaine d'une autre, bien qu'il puisse y avoir de nombreuses raisons. Dans la mesure du possible, identifiez la raison et achetez ensuite un call si vous pensez qu'une action est survendue par le marché, ou achetez un put si vous pensez qu'une action connaît une hausse temporaire et va bientôt baisser.

Point de sortie et de profit

Le point où l'écart se referme est le point de sortie. C'est le point que vous rechercherez à chaque fois que vous utiliserez cette stratégie. Si vous voulez être sûr de tirer le meilleur parti de la stratégie de co-intégration, il vous suffit d'encaisser le point de sortie. Si vous êtes attentif et que vous travaillez stratégiquement avec vos options binaires, vous pouvez même commencer à prédire le moment du point de sortie.

Chapitre 7 :
Choisir un partenaire de trading

Que recherchez-vous lorsque vous envisagez d'ouvrir un compte de trading en direct (financé) ? Tout d'abord, une plateforme fiable, pour moi, fiable signifie que lorsqu'il est temps de faire du trading, la plateforme fonctionne, ce qui signifie également que vous pouvez obtenir des prix en continu (susceptibles au trading) qui vous permettent d'acheter et de vendre facilement. Si vous faites du trading avec un courtier dont la plateforme est en panne plus de deux fois par an, vous devez absolument envisager d'en changer. Il ne faut pas qu'elle soit en panne plus d'une fois par an, car la plupart des plateformes fonctionnent en permanence.

La prochaine chose que vous devez examiner est ce que j'appelle une bonne liquidité sur les chiffres. Lorsque je parle de "chiffres", je me réfère au fait que vous cherchez à faire du trading de nouvelles, par exemple, sur les chiffres du rapport sur l'emploi, les taux d'intérêt, les chiffres du logement. Il existe de nombreux traders dont une grande partie de la stratégie est basée sur le trading, comme nous l'appelons dans le métier, "sur les chiffres". Il s'agit de faire du trading au milieu des nouvelles du marché et c'est aussi le moment où vous pouvez vous retrouver dans ce type de compression de la liquidité. Dans un exemple concret de besoin de bonne liquidité sur les chiffres, disons que la décision sur les taux de la Banque d'Angleterre est annoncée, vous tentez un trading, et lorsque vous essayez d'acheter ou de vendre, votre courtier continue de requalifier les prix ou peut-être même ne vous permet pas d'exécuter. Si vous êtes régulièrement confronté à ce genre de situation, vous devriez envisager de faire du trading ailleurs, car vous devriez être en mesure de faire du trading même sur des bulletins d'information.

Enfin, vous devez absolument parler à vos amis. Si votre ami est un gros trader d'options, renseignez-vous sur ses expériences avec son courtier. En effet, il s'agit généralement d'une bonne source d'information pour savoir comment ils (le courtier) se comportent lorsque vous devez faire du trading. Vous voudrez également connaître la procédure à suivre pour transférer de l'argent sur le compte ou à partir du compte. Quelle a été l'expérience de votre ami ? Est-ce que tout s'est bien passé ou est-ce qu'il y a eu beaucoup de démarches administratives et qu'il a dû envoyer de nombreux courriels pour y parvenir.

En passant en revue les éléments dont vous avez besoin pour choisir un bon partenaire de trading, une plateforme fiable, une bonne liquidité sur les rapports de marché et les commentaires de vos amis.

Bonus :

Guide du trading par analyse technique

Comme promis, ce livre va bien au-delà du contenu que vous avez lu jusqu'à présent. Ce guide exclusif d'analyse technique fournit un contenu élargi sur les stratégies d'options binaires concernant le forex, les actions et les matières premières. Vous obtiendrez le maximum de bénéfices en combinant le contenu que vous avez lu jusqu'à présent avec le guide d'analyse technique.

Graphique de l'unité de temps

L'unité de temps, le facteur le plus critique d'une décision de trading. La décision d'acheter ou de vendre commence toujours par l'unité de temps. Un signal d'achat ou de vente pour un day trader est différent de celui d'un swing trader et, dans la plupart des cas, extrêmement différent de celui d'un trader/investisseur à long terme. Les exemples que nous allons utiliser sont basés sur des unités de temps de trading à court terme/jour.

Day trading - Fermeture des positions dans les 24 heures

Swing trading - Maintenir les transactions ouvertes de quelques heures à quelques jours maximum.

Pour les traders à court terme, un graphique d'une heure permet d'obtenir une vue d'ensemble du marché, puis de faire du trading à partir d'un graphique de 30 ou 15 minutes. Plus votre horizon de trading est court, plus l'unité de temps de votre graphique est courte.

Pour utiliser les paramètres ci-dessus, il est recommandé de créer des graphiques de différentes unités de temps et de les laisser ouverts sur votre plateforme de trading. Cela vous permettra de faire du trading plus efficacement.

Unité de temps et votre position dans le canal d'achat et de vente. Une fois l'unité de temps définie, vous devez déterminer où vous vous trouvez dans le canal de trading (le canal de trading est la zone située entre les bandes hautes et basses des bandes de Bollinger). Si vous êtes près du haut du canal, cela indique que vous êtes proche d'un niveau de retournement potentiel (où le marché se retourne), par exemple, s'il était à la hausse, il se dirige soudainement vers la baisse. Si vous êtes en bas et que le marché remonte, c'est également un niveau de retournement.

Que faire aux niveaux de retournement
C'est là que le trading devient un peu délicat. Ce n'est pas parce que nous nous trouvons à un niveau de retournement ou à proximité de celui-ci que cela garantit un retournement. Nous pourrions aussi avoir un breakout (le marché passant au-dessus ou au-dessous de niveaux de résistance ou de support connus). Pour savoir ce qu'il faut faire ensuite, il suffit d'examiner le graphique des mouvements passés du marché (à la hausse ou à la baisse) au niveau de prix que vous recherchez pour voir ce qui s'est passé sur le marché la dernière fois. Ceci est important car la "personne" centrale ici est le marché, pas vous).

Par exemple, si le marché s'est orienté à la baisse, il y a de fortes chances qu'il le fasse à nouveau. Cependant, ce n'est PAS une garantie, et vous devez également être attentif aux données fondamentales (bulletin d'informations, données économiques), car elles peuvent tout bouleverser par rapport au résultat de la dernière fois.

Si vous n'avez pas encore de position ouverte et que le marché se trouve à un niveau de retournement potentiel, une façon de faire du trading est de placer un ordre d'achat au-dessus du niveau de retournement. Par conséquent, si le marché fait un breakout, vous êtes dedans. L'ordre d'achat fait également partie de votre gestion du risque car il n'y a de l'argent sur la table que s'il est exécuté et devient un trading.

Après avoir déterminé où vous vous trouvez dans le canal d'achat/vente, vous devez maintenant prêter attention au RSI et à ce qu'il vous dit. Vous devez avoir une correspondance entre cela et l'exécution de votre transaction. Ainsi, si le RSI est à des niveaux de surachat et que vous êtes proche des niveaux de retournement sur les bandes de Bollinger, c'est le signe d'une bonne opportunité de vente potentielle.

Signaux d'achat idéaux

Idéalement, lors d'un signal d'achat, vous voulez que votre RSI se dirige vers le haut à partir ou à proximité des niveaux 30-40, ce qui donne une bonne marge de manœuvre/opportunité de se diriger vers le haut. Dans le même temps, vous souhaitez également que le marché soit situé/trading près du bas du canal dans les bandes de Bollinger.

Enfin, si vous utilisez des graphiques en chandeliers, vous voudrez qu'ils soient verts (fermeture des prix à la hausse). Comme vous pouvez le constater, nous devons obtenir les mêmes données (à la hausse) de nos outils. L'observation de chandeliers rouges (les prix clôturant à la baisse) et de niveaux RSI surachetés (achats excessifs) constitue un signal contradictoire. Cela vous dit de "rester à l'écart"... ne faites pas de trading tant que les choses ne sont pas plus claires.

Signaux de vente idéaux

Un signal de vente idéal est simplement le contraire de ce qui précède. En d'autres termes, votre RSI se dirigera vers le bas à partir des niveaux 70-80. Dans le même temps, vous souhaitez également que le marché soit situé/trading près du sommet du canal dans les bandes de Bollinger. Enfin, si vous utilisez des graphiques en chandeliers, vous voudrez qu'ils soient rouges (fermeture des prix à la baisse).

Conclusion

Idéalement, vous voulez faire du trading lorsque les choses sont aussi proches que possible de l'idéal. Lorsque vous êtes confronté à des zones grises/indécises, je vous suggère d'utiliser des ordres d'achat ou de vente. Les ordres ne sont PAS des trading, donc aucun argent n'est risqué tant qu'ils ne sont pas exécutés. Ces ordres seront placés près des niveaux idéaux à partir desquels vous cherchez à faire du trading.

Comme je l'ai souligné à plusieurs reprises, scénario de transaction idéal ou non, vous devez toujours placer un ordre stop. Malheureusement, même la meilleure recherche au monde ne garantit pas une transaction rentable.

Paramètres des outils d'analyse technique

RSI

Pour le RSI, la valeur par défaut de 14 convient à la plupart des opérations de trading sur devises, CFD et actions. Cependant, pour le trading à court terme, le day trading ou le swing trading, 14 n'est pas optimal. Je suggère 7 pour le swing trading et jusqu'à 4 pour le day trading.

Bandes de Bollinger

Les paramètres par défaut semblent fonctionner au mieux pour la plupart des traders et je vous suggère de conserver ce paramètre.

Moyennes mobiles

Nous utilisons 50, 100, 200. Le 50 est le signal d'alerte, le 100 le court terme et le 200 le long terme.

Signaux
De Trading

Calendrier économique et signaux de trading

SERVICES DE SIGNAUX DE TRADING BINAIRE

Les signaux aident les traders en externalisant le processus de recherche. Pourquoi aurait-on besoin de signaux de trading si le trading binaire est si simple ? Il est difficile de prédire si les prix vont augmenter ou baisser.

Les signaux de trading sont des recommandations envoyées par e-mail, SMS, etc. Les traders sont informés de faire du trading en fonction de l'heure d'expiration et du prix d'exercice de l'option. Si vous êtes convaincu de l'exactitude du service de signaux, il vous suffit de faire du trading sur la base de ces signaux. Vous pouvez également utiliser les signaux pour confirmer vos propres recherches.

LA PRÉCISION N'EST PAS UNE GARANTIE DE PROFIT
Parce que les signaux d'un fournisseur sont destinés à être utilisés rapidement. Sur les marchés rapides, vous ne disposez que d'une

petite fenêtre d'opportunité. La plupart des recommandations reçues seront valables jusqu'à une heure, certaines ne seront bonnes que pour quelques minutes.

LA FIABILITÉ DES SIGNAUX DE TRADING

Les signaux sont aussi bons que les personnes qui se cachent derrière eux. Il peut s'agir d'une société d'analystes professionnels ou simplement de traders chevronnés ayant des années d'expérience. Vérifiez les critiques.

Les signaux : Éléments à prendre en compte

- **LE PRIX**

Un prix plus élevé n'est pas toujours une indication de la précision d'un fournisseur de signaux.

- **DES AFFIRMATIONS INVRAISEMBLABLES**

Si vous tombez sur un fournisseur qui fait des déclarations insensées sur ses services, n'y touchez pas.

- **ATTENTION AUX FAUX RÉSULTATS**

Tout peut être manipulé. Méfiez-vous des captures d'écran publiées par les fournisseurs comme preuve de l'exactitude de leurs services.

- **RÉPUTATION ET ANTÉCÉDENTS**

Recherchez toujours un fournisseur ayant une bonne réputation et des antécédents parmi vos amis de trading.

Stratégie de Support
Et de Résistance

STRATÉGIE DE SUPPORT ET DE RÉSISTANCE

Les marchés sont connus pour fluctuer, ce qui rend idéal pour les nouveaux traders de faire du trading d'options binaires (Call/Put).

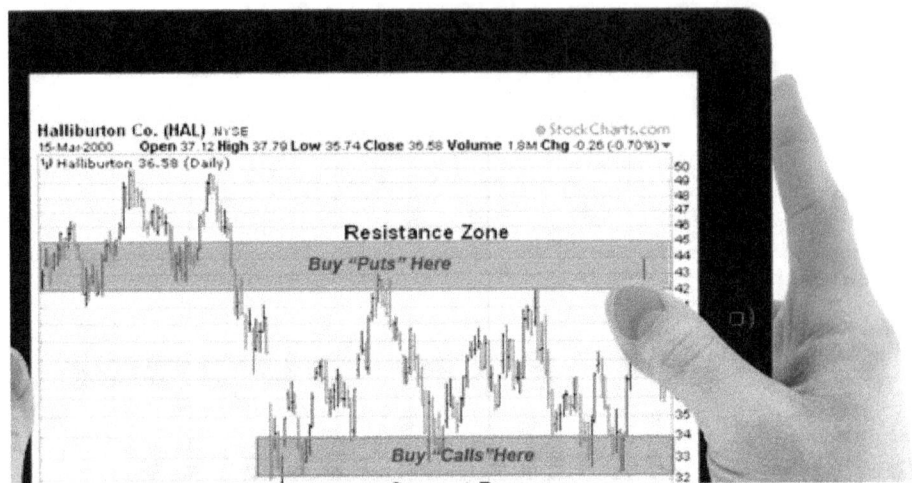

MISE EN ŒUVRE DE LA STRATÉGIE

La beauté de la stratégie de support et de résistance est qu'elle est facile à comprendre et peut être appliquée à n'importe quel marché. Achetez un put au niveau de la résistance ou un call au niveau du support.

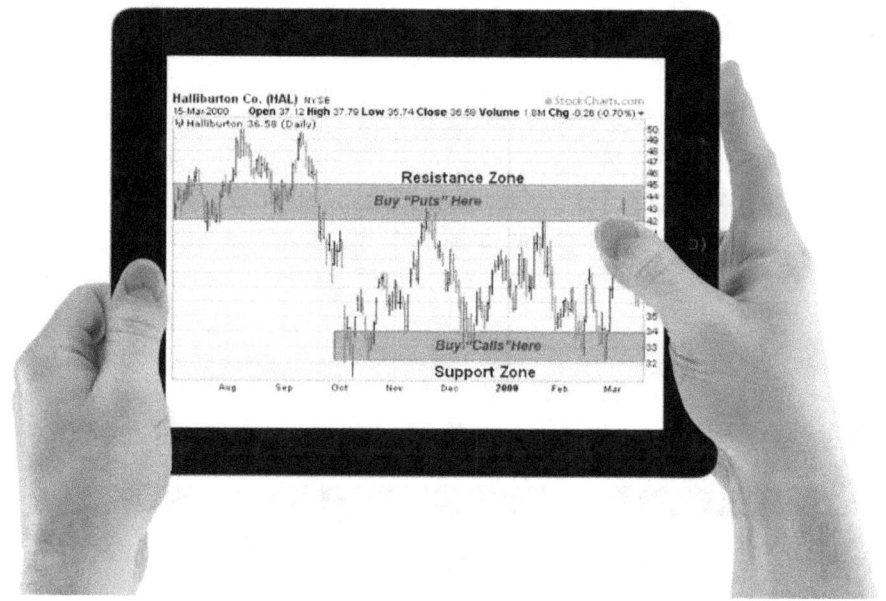

LA STRATÉGIE DE RUPTURE DU TRIANGLE
MOTIFS TRIANGULAIRES

Les triangles formés sur les graphiques de prix peuvent avoir trois types de formes : symétrique, ascendante et descendante.

TRIANGLE SYMÉTRIQUE

Cette configuration graphique se forme à la suite d'une indécision sur le marché. Le tiraillement entre l'offre et la demande finit par faire converger les hauts et les bas du prix de l'actif, formant ainsi cette configuration.

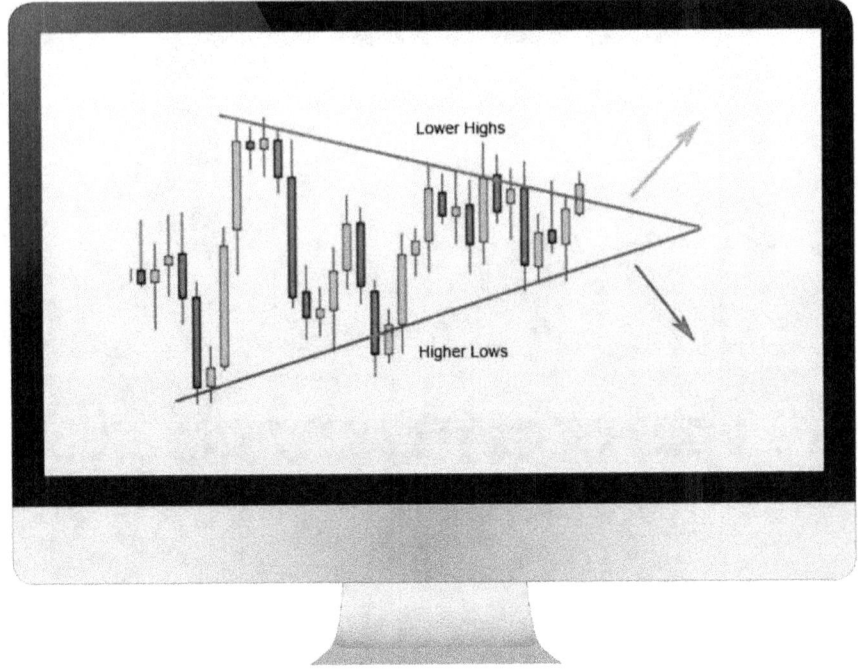

Pour tirer parti d'une telle configuration neutre ? Vous achetez une option d'achat au-dessus de la pente des sommets inférieurs et une option de vente au-dessous de la pente des sommets supérieurs. Quelle que soit la direction prise par les prix, nous l'accompagnerons.

Dès que les prix atteignent le premier ordre, placez un autre ordre dans la même direction que le premier ordre atteint afin de maximiser le breakout.

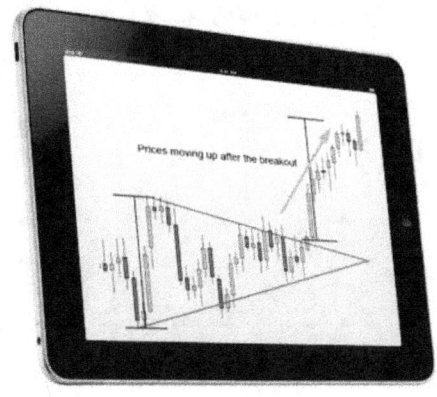 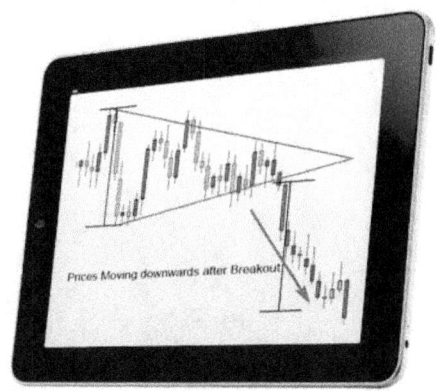

TRIANGLE ASCENDANT

La configuration est une ligne de foulée horizontale en haut et une ligne de tendance ascendante en bas. Elle se forme lorsqu'une série de planchers plus élevés s'élève vers une ligne de résistance. Les acheteurs sur le marché se renforcent grâce à la série de creux plus élevés. Tôt ou tard, une rupture se produira. Normalement, les prix seront orientés à la hausse puisque les pressions d'achat forcent les prix de clôture à augmenter, mais il est possible que les prix aillent dans l'autre sens.

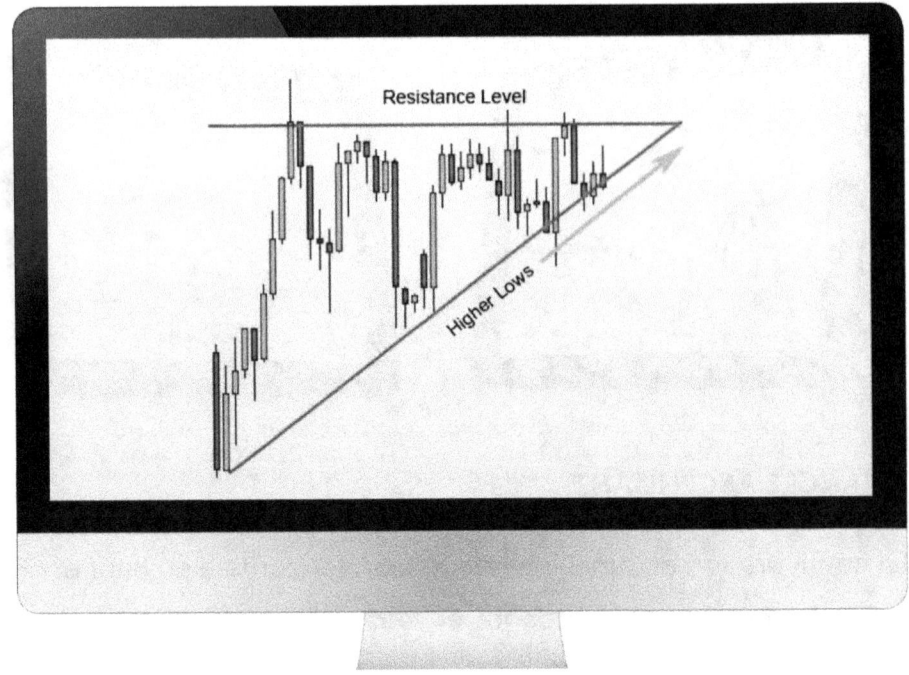

Si nous nous attendons à ce que les prix suivent une tendance à la hausse, achetez une option d'achat au niveau de la résistance ou légèrement au-dessus.

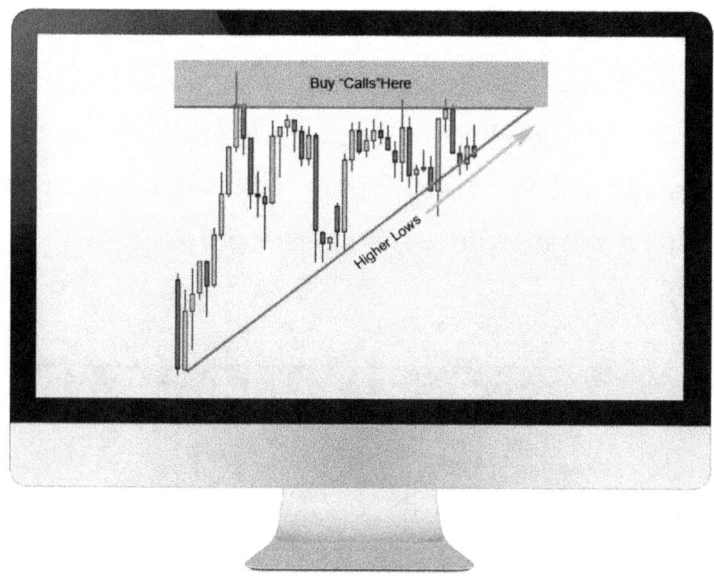

TRIANGLE DESCENDANT

Caractérisé par une ligne de tendance en pente descendante convergeant vers un niveau de support horizontal. Cette configuration se forme lorsque la pression de vente sur le marché gagne lentement du terrain face aux forces de demande (d'achat).

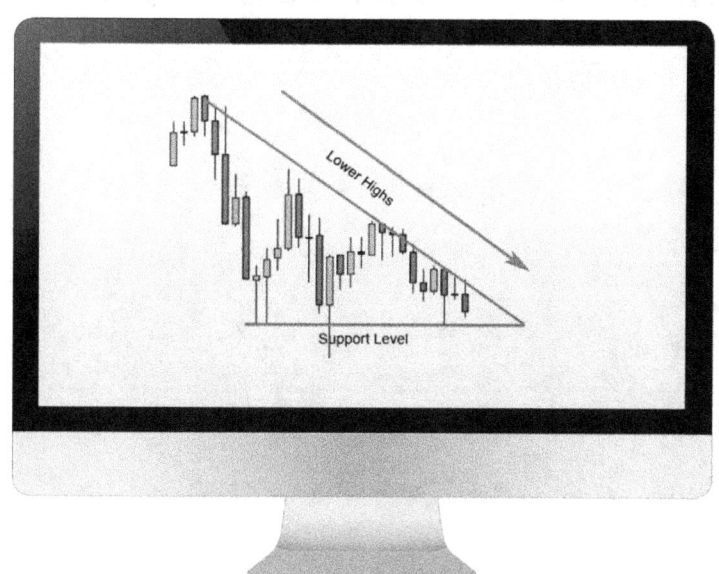

Comme la pression de vente pousse les prix d'ouverture à la baisse, il est très probable que les prix vont s'engager dans une tendance à la baisse. Puisque nous nous attendons à ce que les prix baissent, achetez une option de vente au niveau ou légèrement en dessous du niveau de support.

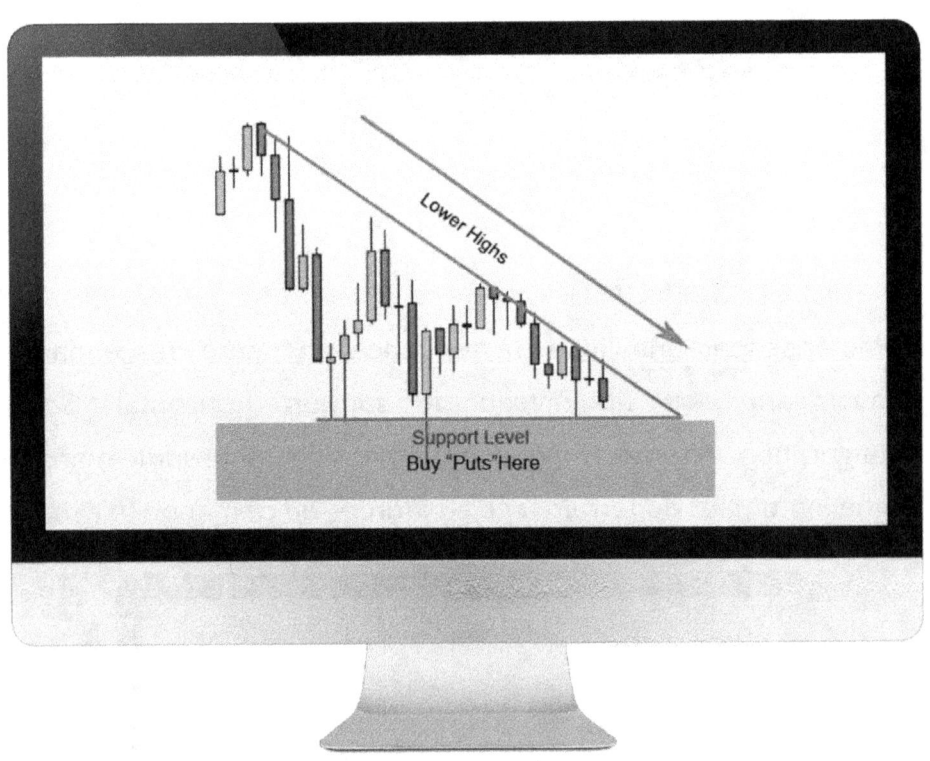

Conclusion

Merci d'être arrivé jusqu'à la fin de *Stratégies de trading binaire : Apprendre les stratégies de rentabilité des options binaires*. Espérons qu'il a été instructif et qu'il vous a fourni le premier ensemble d'outils dont vous avez besoin pour atteindre vos objectifs de trading d'options binaires et gagner de l'argent grâce à elles.

L'étape suivante consiste à tester vos compétences en matière de trading et à augmenter votre capital-risque afin de pouvoir effectuer des transactions supplémentaires. Cela vous permettra d'avoir une meilleure expérience et vous donnera la motivation dont vous avez besoin pour réussir dans le trading d'options binaires.

Profil de l'auteur

Wayne **Walker** occupe le poste de directeur d'une société de formation et de conseil en matière de marchés de capitaux mondiaux (gcmsonline.info). Il jouit de nombreuses années d'expérience en tant que responsable et coach d'équipes de conseillers en investissement et a géré les équipes les plus performantes du groupe des clients privés sur la base des Bench Mark Earnings (BME).

www.ingramcontent.com/pod-product-compliance
Lightning Source LLC
Chambersburg PA
CBHW072152230526
45467CB00042B/1743